AF495876

ARISTIDE-LE-CYNIQUE

« Pas ça, ou pas vous ! »

JEAN JAURÈS

I

J'ai vu déjà bien des belles choses. Mais je n'ai jamais rien vu de plus beau que le spectacle qui nous fut offert l'autre mois à la Chambre.

De son air le plus austère, s'efforçant à la dignité, M. Aristide Briand parut à la tribune, trichonna sa poitrine, fit semblant d'y chercher ce qu'il appelle sa « conscience »; et, froidement, solennellement, il se porta garant que M. Ballot-Beaupré, premier président de la Cour de cassation, était le plus intègre de tous les magistrats.

Vous me direz que, ce faisant, le garde des sceaux remplissait simplement sa fonction, son devoir de ministre, qui est de « couvrir » la magistrature. Il est vrai; mais c'est justement là qu'est le comique. *Aristide Briand, Garde des Sceaux !* Si nous n'avions pas, en France, perdu jusqu'au sens de l'ironie, cette alliance de mots, à la fois burlesque et incestueuse, ne suffirait-elle pas à mettre en joie ceux qui ont encore envie de rire ?

Imaginez qu'un orang-outang s'échappe d'une ménagerie et, s'affublant d'un uniforme

au général, s'installe au ministère de la guerre:
ce ne serait pas plus extraordinaire, ce ne
serait pas plus bouffon que l'entrée d'un
Briand à la Chancellerie. Et, si l'on voulait
nous peindre d'un seul coup tout le régime,
nous rendre sensible au premier regard tout
ce qu'il a de cocassement sinistre et à quel
degré de paradoxe dans la honte nous en
sommes venus sans vomir, on ne trouverait
rien de plus synthétique, rien de plus sym-
bolique, rien de plus « pur » que ce tableau
d'histoire : *Aristide Briand, garde des Sceaux,
décernant un brevet de vertu au premier président du premier tribunal de France!*

✦

Si je parle de « vertu », n'en induisez pas
que je me propose d'évoquer, après tant d'autres, certaine aventure scandaleuse que nous
conta la *Gazette des Tribunaux*. Ce n'est point
que j'y mette de la discrétion; en l'occurrence,
je ne pourrais être retenu que par l'appréhen-
sion d'offenser nos lectrices. On ne saurait,
en effet, nous opposer ici l'infranchissable
« mur de la vie privée » ; car ce qu'il y eut
de fâcheux dans l'affaire, c'est précisément
qu'il n'y avait pas de mur. En sorte qu'il
nous serait loisible de dire proprement —
du moins aussi proprement que l'on peut par-
ler de ces choses — l'attentat aux mœurs,
pour lequel notre garde des sceaux fut condamné le 4 novembre 1891, à un mois de
prison, fut bien le premier acte de sa vie
publique.

A quoi l'on ajouterait peut-être qu'en deve-
nant ministre Aristide Briand n'avait nul besoin de nous avertir, qu'il n'a rien renié de
son passé et qu'au pouvoir il prétend demeu-

ter le même homme. En célébrant chaque
jour ses nouveaux exploits dans les boudoirs
des comtesses belges ou la maison close de
Mabille, la chronique galante nous montre
assez que, des prairies de Saint-Nazaire à la
place Vendôme, notre garde des sceaux n'a
pas perdu ses inavouables habitudes ; et dans
la manière effrontée dont il prend soin de
divulguer ses bonnes fortunes, il est aisé de
reconnaître ce besoin morbide d'ostentation
que les spécialistes des affections érotiques
dénomment, je crois, l'*exhibitionnisme*.

Mais si je n'insiste pas sur ce côté scabreux
du personnage, ce n'est pas seulement par
décence ; c'est que cela, vraiment, est bien
peu de chose auprès du reste.

Il y a dans la vie de cet homme des gestes
infiniment plus cyniques, et, pour user du
mot convenable, plus « obscènes » que ce
menu détail de son éducation sentimentale.
Quand j'essaie d'analyser le dégoût absolu
qu'il m'inspire, ce ne sont pas ses péchés de
jeunesse qui me reviennent en mémoire, ce
sont des souvenirs encore tout frais, comme
ceux-ci :

*

Je me retrouve dans un wagon de troisième
classe, assis entre deux hommes qui se pro-
diguent les marques de la plus touchante
amitié.

L'un est bedonnant, malflu, hilare ; l'autre
a les épaules étroites, le teint blême, l'apparence souffreteuse. L'un tortillant sa barbiche
et l'autre sa moustache, ils ont tous les deux
ces mouvements embarrassés et inutiles des
timides, qui ne savent où mettre leurs mains
et, pour se donner une contenance, rectifient

cesse l'ordonnance de leur système : ni
l'un s'appelle Gustave Hervé, l'autre
Aristide Briand. Nous revenons d'Auxerre, où
Briand a obtenu l'acquittement d'Hervé, déféré
à la Cour d'assises pour ses articles du *Piou-
piou de l'Yonne*.

Est-il nécessaire de rappeler ici que, dès
l'origine, j'ai combattu de toutes mes forces
la propagande antipatriotique ? Si je fus de
la demi-douzaine d'universitaires, dont Gustave Hervé invoqua le témoignage, nous ne
parlâmes au jury que du professeur qui avait
été notre collègue. Les plus téméraires d'entre
nous ne défendaient en lui que la liberté de
penser et d'écrire.
Mais combien fut différente l'attitude d'Aristide Briand ! J'ai là, dans mes notes, le début
de sa plaidoirie :

« Ce n'est pas en avocat que je me présente
devant vous, messieurs les jurés, c'est en
militant socialiste et révolutionnaire. Je vous
prie instamment de ne pas faire, entre mon
camarade Hervé et moi, la distinction que l'on
fait d'ordinaire entre les hommes qui s'as-
soient sur le banc des accusés et ceux qui
se lèvent pour les défendre : dans le cas pré-
sent, le client et l'avoué, c'est le même homme. Toutes les idées de Gustave Hervé sont
les miennes ; c'est dire que je considérerai
comme un honneur de m'asseoir à côté de
lui sur ce banc. N'attendez donc pas de moi
que je plaide en sa faveur les circonstances
atténuantes ; comme Hervé, je suis très résolu
à saisir toutes les occasions que le ministre
de la guerre voudra bien nous offrir, d'expo-
ser devant un auditoire aussi nombreux que
celui-ci notre doctrine antimilitariste, comme

*Hervé, j'estime que nous ne devons pas nous
en tenir à une vaine critique des armées per-
manentes, mais que, pour couper court au
fléau du militarisme, nous devons nous atta-
quer à la racine même du mal, je veux dire
à ce que les bourgeois appellent la patrie... »*

Oui, tel est le langage qu'osait tenir, dans
un prétoire, l'homme qui, le lendemain, dé-
guisé en garde des sceaux, allait défendre l'ordre établi et l'honneur de la magistrature !

Je vous laisse à penser si cet exorde fit
« sensation ». Je revois, près de la table des
journalistes, entre deux baïonnettes frémis-
santes, la tête du petit lieutenant de service.
Qu'elle était pathétique, cette figure de jeune
officier, encadrée par la jugulaire, et dont la
pâleur des joues, la crispation des lèvres, la
contraction des sourcils, l'éclat des prunelles disaient la sourde et furieuse indigna-
tion !

C'est sur cette figure que je suivis les pro-
grès victorieux de la dialectique d'Aristide
Briand. Ailleurs, l'incomparable sophiste fut
peut-être plus éloquent ; jamais il ne fut plus
persuasif. Je lus son succès sur l'honnête et
naïf visage qui, insensiblement, s'était déten-
du jusqu'au sourire. En une heure, Briand n'a-
vait pas seulement convaincu le jury et re-
tourné la salle ; il avait encore gagné à la
cause antimilitariste le brave petit lieutenant
d'infanterie...

Quant l'avocat eut achevé sa péroraison,
quelqu'un se pencha vers Gustave Hervé et
lui dit à l'oreille :

— N'ajoutez pas un mot, l'acquittement est
sûr.

Mais Hervé, qui avait un discours à placer,

aimait beaucoup mieux être condamné à la
prison qu'au silence. Il parla longuement,
lourdement ; il fut maladroit, provocant, in-
supportable. Et j'entends encore le petit lieutenant murmurer, avec une amusante désola-
tion :

— Le malheureux... Il se perd !

Mais non, l'impression produite par le plai-
doyer de Briand avait été si forte, si décisive,
que, malgré tous ses efforts, Gustave Hervé
ne réussit pas à l'effacer. Son acquittement
fut un triomphe, et nous versâmes tous des
larmes ingénues quand nous vîmes Briand
saisir Hervé à pleins bras et le serrer pas-
sionnément sur son cœur... Ah ! Jeunesse...

Or, ceci se passait le 13 novembre 1901.
Un an plus tard, le même Aristide Briand dé-
fendait le même Gustave Hervé devant la
même cour d'assises. Quatre ans de suite, le
même Aristide Briand fit acquitter le même
Gustave Hervé dans les mêmes conditions.
Nous voilà en 1905. L'année suivante, Aristide
Briand s'introduit au ministère de l'Instruc-
tion publique. Puis il est promu garde des
sceaux, et, cette fois, c'est lui qui poursuit
Hervé, c'est lui qui le fait condamner et
« coffrer » sans merci ; c'est lui qui pousse le
verrou de sa cellule, et, non content de lui
avoir fait subir toute sa peine, il prétend encore, avec une sournoise férocité, l'aggraver
des rigueurs de la contrainte par corps...

Certes, je sais tout ce que l'on peut dire
sur l'absence de scrupules des politiciens,
leurs palinodies sans vergogne et la vertigi-
neuse vélocité de leurs « évolutions ». Mais
je sais bien aussi que les apaches, les cam-

brioleurs et les pires chenapans, au dire de
ceux qui observent leurs mœurs, ont au moins
le sens de la solidarité. Les bandits eux-mê-
mes connaissent un point d'honneur et prati-
quent entre eux une manière de morale qui
leur fait regarder certains propos, certains
actes comme dégradants et ignominieux... Qui
donc oserait prétendre que l'on peut découvrir
encore chez Aristide Briand quelque chose qui
ressemble à cet embryon de conscience ?

Quand je me représente l'homme, tel que
je l'ai vu à Auxerre, étreignant son « camarade » Hervé avec des pleurs de joie et de
tendresse, quand je compare cette image à
celle du même Briand devenu, le surlende-
main, geôlier de son « camarade », je ne
crois vraiment pas exagérer en affirmant qu'il
y a dans l'existence de cet arriviste forcené
quelque chose de plus répugnant et de plus
honteux que la fameuse histoire des prés
fleuris de Saint-Nazaire. Il y a ce que je viens
de noter ; et, dans l'espèce, tous en convien-
dront, ce n'est plus de politique qu'il s'agit,
mais de la plus élémentaire pudeur.

« C'est un traître ! » crient les socialistes.
Ce n'est pas assez dire, car cet homme a
trouvé le moyen d'ajouter la « muflerie » à la
trahison...

Ce fut au mois d'octobre 1902, sur le pont
de la Concorde, que, pour la première fois,
Aristide Briand m'apparut comme un « homme
de gouvernement ».

Sans doute, j'avais eu déjà l'occasion d'ap-
précier ses aptitudes politiques. Elles étaient
d'autant plus dignes de remarque qu'elles s'é-
taient manifestées dans les conditions les plus
défavorables ; et si j'ai cru devoir rappeler la
condamnation de notre garde des sceaux pour
attentat à la pudeur, ce n'est pas seulement
pour vous faire mesurer dès l'abord, par cette
antithèse hurlante, ce que nous sommes de-
venus capables d'endurer sans émoi ; c'est
aussi que, pour achever de peindre notre sa-
tyre en simarre, il est indispensable de mon-
trer que le menu trait de mœurs champêtres,
rapporté par la gazette des tribunaux, domine,
explique et illustre toute sa vie.

Oui, toute sa carrière politique se développe,
s'ordonne en fonction du geste lubrique. Et
je relirais ici volontiers les réflexions de Pascal sur « les effets de l'amour » et le nez de
Cléopâtre, si, dans une pareille espèce, je ne
craignais de manquer tout ensemble à Pascal,
à Cléopâtre et à l'amour.

Mais suivez notre homme, et suivez du même coup l'enchaînement ironique des effets et
des causes. Condamné, rayé du barreau, hon-
ni, banni de Saint-Nazaire, Briand donne à
tête perdue dans l'anarchie. Car c'est par là
qu'il commence. Il est de ceux qui jugent les

guesdistes timorés et raillent la candeur de
leur foi dans le suffrage universel :

— Vos bulletins de vote ? Peuh ! Ça peut
tout au plus servir de bourre au fusil de l'in-
surgé. Le peuple n'a pas besoin de « repré-
sentants » : il est assez grand et assez fort
pour faire ses affaires lui-même.

C'est déjà le thème de « l'action directe ».

— Alors, comment ferez-vous la révolution
sociale ? demandent avec aigreur les citoyens
députés, qui, comme il est humain, goûtent
fort peu ce genre de paradoxes antiparlemen-
taires.

— La Révolution ? répliquent Briand et ses
« compagnons », nous ne la ferons certai-
nement pas en allant voter à la Chambre vos
« réformettes » pour rire. Lorsque vous siégez
au Palais-Bourbon, citoyens députés, vous faites le jeu de la bourgeoisie, et vous retardez
la Révolution en croyant la préparer. La vé-
rité, c'est que le peuple fera la révolution sociale, tout seul, quand il lui plaira, rien qu'en
se croisant les bras...

Briand le prouve en exposant sa théorie de
la « grève générale » qui, à l'origine, est net-
tement antiparlementaire. Voilà comment il
tourne le premier obstacle, en apparence infranchissable, que rencontre son ambition.
Aristide Briand est inéligible, mais, grâce à
la grève générale, il n'a nul besoin de la con-
sécration d'un « mandat » pour tenir le rôle
d'un chef de parti. En d'autres termes, sa
théorie de la grève générale n'est, en dernière
analyse, qu'une invention de démagogue qui
a perdu ses droits civils.

✠ ✠

Attendez : il va les retrouver. La vilaine
affaire de la prairie semble s'arranger. La condamnation a bien été confirmée en appel, mais
Briand a trouvé le moyen d'obtenir la revision
du procès, et grâce à la complicité d'un « co-
pain » et à la complaisance d'un magistrat,
on fait mine d'établir qu'il y a eu erreur
sur la personne. Briand conçoit l'espoir d'une
réhabilitation prochaine. Il lui est impossible,
évidemment, de reprendre sa place parmi les
avocats de Saint-Nazaire ; on n'a même pas
voulu l'admettre à la Loge, et c'est le franc-
maçon Port qui fait repousser le « profane »
Briand comme indigne. (Ça n'a pas empêché
d'ailleurs Aristide Briand, brouillé, puis ré-
concilié avec ce Port, pour diverses raisons
d'ordre intime, de l'imposer comme inspecteur
général à l'Université, qui a ressenti cruelle-
ment cet affront.)

Mais si le pays natal lui est inclément, Aristide Briand peut essayer de se refaire à Paris
ce qu'on nomme une virginité. Comme avocat ?
Jamais, dit le Conseil de l'Ordre ; et il faudra
que Briand devienne garde des sceaux pour
triompher de ses répugnances. Encore est-il
à propos d'observer que, si notre homme réussit enfin, l'an passé, à se faire admettre au
barreau de Paris, ce fut, par une coïncidence
où l'on peut soupçonner une intention d'ironie, la semaine même où fut prononcée la
radiation de Gustave Hervé. Un « camarade »
chasse l'autre, et sans doute le jour est proche
où nous verrons Hervé, — qui a en somme
beaucoup plus de titres que Briand au porte-
feuille de la Justice, non parce qu'il est vraiment un « honnête homme », mais bien parce
qu'il a été condamné trois fois, — faire triom-
phalement son entrée à la Chancellerie et sa
rentrée au Palais de Justice.

A moins qu'il ne préfère être ministre de la Guerre...

Furtivement, Aristide Briand est donc venu s'inscrire au barreau de Pontoise, dont l'indulgence est proverbiale, et c'est ce qui nous explique pourquoi il est obligé d'élire domicile à Enghien. Certes, rien ne serait plus honorable, rien ne serait plus méritoire que les efforts de ce déclassé pour se refaire une place décente dans l'ordre bourgeois, s'il ne prêchait d'autre part le bouleversement de cet ordre et ne cherchait dans la propagande révolutionnaire, après la satisfaction de ses rancunes, celle de ses appétits. Il a fait adopter la thèse de la grève générale par les congrès corporatifs de Marseille et de Nantes, d'où est issu tout le mouvement syndicaliste. Bientôt, c'est dans les congrès socialistes que Briand fait prévaloir sa tactique. Quand il redevient éligible, le bon apôtre découvre que la grève générale et l'action parlementaire ne sont nullement incompatibles ; il est naturel, il est même nécessaire de les admettre concurremment. Ce qui permet à Briand de jeter, sans fausse honte, son dévolu sur le siège du « camarade » Clovis Hugues, qu'il accuse de modérantisme.

Il ne réussit pas à le lui enlever, mais, à chaque Congrès socialiste, son influence et son autorité vont croissant. En 1899 à la salle Japy, en 1900 à la salle Wagram, il excite l'admiration et l'enthousiasme des militants assemblés ; à Lyon, il triomphe. Dès lors, l'ancien anarchiste n'attend plus qu'une occasion favorable pour se repentir avec éclat et mettre au service de la société bourgeoise le talent qu'elle l'a d'abord réduit à déployer contre elle.

✠ ✠

C'est à ce moment de son « évolution » que je le rencontrai sur le pont de la Concorde. Il venait d'être élu à Saint-Étienne, et il gagnait le Palais-Bourbon de son pas flegmatique, un bout de cigarette collé au coin des lèvres. Encore presque inconnu à la Chambre, le futur garde des sceaux allait y faire ses débuts quelques jours plus tard (21 octobre 1902) en prononçant un réquisitoire contre un gendarme qui avait tué un gréviste.

« — Nous avons, me dit-il, enterré avant-hier ce pauvre diable, et l'on craignait de nouveaux troubles au cours des obsèques. Mais j'ai dit au préfet :

« — Promettez-moi qu'il n'y aura pas un gendarme sur le passage du cortège, pas un soldat aux alentours. Je réponds de l'ordre.

« Là-dessus, j'ai fait venir les libertaires de ma circonscription, les fortes têtes de l'anarchie, et je leur ai dit sans sourciller :

« — Camarades, j'ai donné ma parole au préfet qu'il n'y aurait pas un incident, pas un cri ; mais à la condition expresse qu'on ne vous provoque pas par une vaine exhibition de culottes rouges et de brutes galonnées. Je compte sur vous, sur votre sentiment de l'honneur et de la discipline libertaires, pour tenir l'engagement que j'ai pris en votre nom. Montrez à ce préfet de quoi les anarchistes sont capables, et chargez-vous de faire vous-mêmes le service d'ordre...

« Aussitôt, voilà mes compagnons qui s'arment de gourdins ; ils font un plan, un itinéraire, organisent le cortège et se placent en serre-file tout le long de la colonne. C'était une colonne de dix mille hommes, vous entendez bien, *dix mille*, et, sous le bâton, sous la

houlette libertaire, ces dix mille socialistes
ont défilé comme des agneaux, sans même un
bêlement !... »

Ainsi me parlait, en « rigolant », le nouveau
député de Saint-Etienne, et vous conviendrez
que transformer de la sorte les anarchistes
en gendarmes, les loups en chiens de berger,
c'était vraiment un coup de génie. Et je ne
sais pas de trait qui révèle mieux le démagogue pince-sans-rire, aussi dénué de scrupules
que de convictions, qui joue avec l'émeute et
blague ses dupes, le révolutionnaire farouche-
ment résolu à ne jamais faire, l'heure venue,
qu'une révolution... sur lui-même.

On dit qu'il fréquente aujourd'hui les gens
du bel air et que les comtesses belges goûtent
tout particulièrement le charme de son com-
merce. Jamais elles n'auraient imaginé que le
« Morny de la grève générale » fût à ce point
talon rouge...

Je m'étonne de leur surprise : s'il a les talons
rouges, n'est-ce pas à force d'avoir pirouetté
dans le sang de ses victimes ?

✠ ✠

III

En ce temps-là, le Conseil d'administration
du parti socialiste, qui s'intitulait « Comité
général », tenait ses assises non loin du Tem-
ple, rue Portefoin.

Imaginez un décor de tribunal révolutionnaire, une boutique obscure aux volets clos,
aux murs tendus d'andrinople rouge. Là-de-
dans, fument et vocifèrent, hirsutes et farou-
ches, une quarantaine de délégués des fédéra-
tions. Au fond de la salle, une sorte de chaire,
dominée par un faisceau de drapeaux rouges.
Dans la chaire, à travers la fumée, on aper-
çoit une face pâle, barrée d'une grosse moustache noire. C'est le secrétaire du Comité,
l'apôtre de la grève générale, le militant qui
n'est investi d'aucun mandat parce qu'il est
inéligible, mais qui n'en est pas moins l'ins-
pirateur et le directeur du parti socialiste :
Aristide Briand, encore inconnu et déjà tout-
puissant.

Il s'est formé là, dans cette « parlotte » —
et au café.

Car on ne prendrait pas exactement la mesure de cet homme, si l'on ne marquait pas la
place que l'estaminet a tenue dans sa vie.

C'est dans un « café-chantant » qu'il a vu
le jour. Le futur grand-maître de l'Université
a reçu sa première éducation devant les plan-
ches où de tristes filles à matelots débitent
leurs refrains obscènes et leurs appas avariés.

Si je note ce détail, après tant d'autres bio-
graphes, ce n'est certes point pour lui repro-
cher une bassesse d'extraction, qui, à mes
yeux, ne pourrait que rehausser son mérite :
c'est qu'il importe de marquer ici le trait domi-
nant de son caractère, et de rechercher dans
quelle mesure il a subi la double influence de
l'atavisme et du milieu natal. Comment ne
pas observer qu'Aristide Briand a gardé, de
son origine canaille, le goût de l'apéritif, des
cartes et de la fille ?

Le goût pourra se raffiner : la tare demeure
ineffaçable. Regardez le secrétaire du Comité
général qui pérore chez le troquet de la rue
Portefoin et trinque avec les militants pendant
les suspensions de séance. Tout à l'heure, il
va remonter vers Montmartre, de son pas non-
chalant de noctambule, mais avant de rega-
gner son étroit logis de la rue d'Orsel, tout là-
bas, de l'autre côté des boulevards extérieurs,
il traînera de brasserie en brasserie jusqu'au
petit jour. Député, c'est dans une taverne du
boulevard Montmartre (1), sur une ban-
quette de velours rouge, qu'il siégera le plus
fréquemment. Ministre, chacun sait qu'il a
pris pension dans un grand café voisin de la
Madeleine (2). Cet homme a toujours ignoré le
foyer, le studio. Du « beuglant » au cabaret à
la mode, de la rue Portefoin à la rue Royale, la
qualité des « consommations » a pu changer,

(1) A la brasserie Zimmer.
(2) Au café Weber.

comme celle des cigarettes de ces messieurs ou
du linge de ces demoiselles ; mais l'individu
reste le même. Pour vivre dans son « élé-
ment », il lui faut toujours le marbre, pois-
seux, le bock, la sciure de bois, l'atmosphère
âcre, où se mêlent les relents des alcools, des
pipes et des catins...

Avec ces habitudes et ces mœurs, comment
ne ferait-il pas bon marché du mariage et de
la famille ?

✠ ✠

Avant qu'il ne fût ministre, c'est entre mi-
nuit et trois heures du matin qu'il fallait le
voir et l'entendre, dans le café du boulevard
où l'état-major du parti semblait avoir fixé son
quartier général.

Rappelez-vous le neveu de Rameau au café
de la Régence, un neveu de Rameau qui aurait trouvé le moyen de prendre, grâce au
suffrage universel, sa revanche d' « insolent
maroufle ». Il blague, il rigole, il donne les
marionnettes ; on fait cercle, on s'esclaffe.
« Ah ! ce sacré Briand ! » Il conte inlassable-
ment tous les potins de la Chambre. Il les en-
jolive, il y ajoute, il en invente. « — Pelletan,
mon ami, je parie que je devine ce que vous
avez mangé hier. — Qu'est-ce que j'ai donc
mangé ? — Des œufs. — Hier ? Non, c'est
avant-hier ; mais comment avez-vous pu devi-
ner ça ? — Regardez-vous dans la glace, mon
ami : il y a encore du jaune dans votre
barbe... » Briand joue la scène. Il multiplie
les anecdotes et les brocards. Il montre Pelletan chez lui, élevant une gazelle, tableau de
genre, ou le même Pelletan éperdu d'horreur
à la vue de Viviani prenant un tub. Cette uni-
verselle renommée de crasse et d'ivrognerie,

c'est le bon camarade Briand qui l'a faite à
Pelletan.

Mais le voici qui parodie la tête lamentable
de Buisson, dit « l'encrier cassé » ; le voilà
qui met aux prises Jaurès et Pressensé, dis-
cutant sur la coupe de leur pantalon, et c'est à
mourir de rire : Jaurès, hilare et débonnaire,
Pressensé, glacial et gourmé, avec ses favoris
diplomatiques et ses yeux blancs. « Quand
il est ému, affirme Briand, ses prunelles lui
remontent dans le front ; pendant cinq minu-
tes, on ne les voit plus : on dirait qu'il les
avale !... » Pitre de table d'hôte, Briand mime
les gestes courts et lourds de Jaurès ; il fait
les yeux de Pressensé, ses prunelles virent,
effarées, et disparaissent soudain sous la pau-
pière battante...

Tout cela pour rien ? Pour le plaisir de
la galerie ? Non pas. La « blague » de notre
Gaudissart semble primesautière et bon en-
fant ; au fond, tout y est calculé, systématique.
Notre « ministrable » excelle à « tomber »
le collègue qui le gêne, et il le tombe en
souriant. Dans cette grande potinière qu'est la
Chambre, il sait répandre au moment favorable le propos perfide, le sobriquet féroce, la
légende qui ridiculise un homme, le salit ou
le tue...

❁ ❁

Mais c'est aussi au café qu'Aristide le Cyni-
que se montre lui-même, s'étale avec le plus
d'impudeur.

Un soir, il revient de la Chambre où il a
interpellé le gouvernement sur sa politique
anticléricale. Jamais on n'insista davantage sur
la nécessité d'appliquer les lois avec une in-
flexible rigueur.

— La loi, dit quelqu'un, la **Lo-â** ! Avez-vous
remarqué comme Briand en avait plein la
bouche ? Quand on pense au Briand anarchiste que nous avons connu, c'est tout de
même réjouissant de l'entendre prêcher le
respect des lois avec un si imperturbable
aplomb !...

— Pardon, fait Briand de son air tranquille,
la chose est toute naturelle. En somme, la loi
n'a jamais été que *la meilleure des triques* :
maintenant que nous tenons la trique, nous
serions bien bêtes de ne pas nous en servir...

✠ ✠

C'est encore au café que Briand prépare
ses discours. Il n'a jamais su ce qu'est le
travail, mais — même au temps où il flétris-
sait les exploiteurs — il a toujours su fort
bien exploiter le travail d'autrui. Naguère,
lorsque l'aventurier se faisait passer pour
« journaliste », les rares articles signés de son
nom étaient rédigés par un « prolétaire intel-
lectuel » qu'il avait pris comme « nègre »,
et qu'il trouvait le moyen de rétribuer sur
le budget du parti.

De même, quand parut son rapport sur la
Séparation, dont il n'a pas écrit une ligne,
Briand réussit à s'assimiler, entre deux bocks,
le résultat des recherches historiques ou juri-
diques de quelques jeunes gens, protestants
ou juifs qu'il a d'ailleurs généreusement payés
de leurs peines sur la cassette de Marianne (1).

---

(1) *Il serait facile d'établir, que la Séparation, dont
on fait honneur à Briand, fut en réalité l'œuvre de
ces quatre hommes :*
*Victor Charbonnel, Francis de Pressensé, Grune-
baum-Ballin et Louis Méjan.*

Mais ceux-là n'ont fourni que la matière : c'est au café qu'au jour le jour Briand l'a mise en œuvre, l'adaptant aux petits besoins de la Chambre, qu'il « épatait » par son bluff d'érudition. Il s'en vantait, mais, à vrai dire, il était encore plus épaté que la Chambre.

C'est au café qu'il essaie ses arguments, sollicite les objections, s'entraîne à la riposte ; c'est là qu'il s'exerce à la conciliation des thèses et des principes contraires, — la « danse des œufs », comme il dit. C'est au café que notre bohème a lentement acquis cette faconde spéciale, qui ne doit rien à l'étude ni à la méditation, cette dialectique vulgaire, mais chaude, spontanée, vivante, mesurée très exactement aux impressions immédiates et aux mouvements d'un auditoire. Par ailleurs, ni pensée, ni style. Quand Briand s'est avisé de faire imprimer, lui aussi, ses plus belles pages, ses secrétaires ont dû refaire ses discours phrase par phrase, et, à eux tous, ils n'ont produit qu'une pitoyable rapsodie. Il faut avoir le courage de la feuilleter pour faire toute la différence de l'éloquence et du « bagout ».

Le *bagout* ! Voilà la force propre de notre homme, voilà le secret de sa fortune. Considérez, en effet, tout ce qu'a d'insuffisant ou de frauduleux cette prétendue « représentation nationale », qui ne représente plus que les fringales de nos Quinze-Mille et de leur clientèle ; faites la part du mastroquet dans notre vie publique ; voyez comment fonctionne sur le « zinc » notre système électif, et comment, dans cette caricature de démocratie, les intérêts du pays se trouvent nécessairement confiés non au plus digne et au plus compétent, mais au plus habile et au plus bavard ; vous vous expliquerez du même coup

le succès naturel, fatal, d'un Aristide-le-Cy-
nique, et comment, sous notre République à
base d'alcool, présidée par un marchand de
vins, ce pilier d'estaminet devait infaillible-
ment devenir une des principales colonnes de
l'Etat.

Il n'a d'ailleurs pas rempli toute sa destinée.
Par sa demi-culture, son défaut de scrupules,
ses vices, ses appétits, son casier judiciaire et
son bagout, il signifie et résume avec trop
d'éclat tout le régime pour ne pas avoir le
droit d'espérer qu'il sera demain le maître
de la France. Déjà tout le désigne pour re-
cueillir la succession de Clemenceau. L'ancien
apôtre de la grève générale, qui fusille aujourd'hui ses dupes, monte au pouvoir suprê-
me par un escalier sanglant, dont chaque
degré est un cadavre.

Il est peut-être effroyable, mais il n'est pas
inutile qu'il en soit ainsi. Poussons jusqu'au
bout la hideuse expérience, avec l'espoir obs-
tiné que la leçon, plus complète, nous sera
plus profitable. Car il faut que le cycle s'a-
chève ; il faut que toute la honte soit bue ;
et, sinon pour la « beauté du fait », au moins
pour la perfection du symbole, il faut qu'Ar-
mand Fallières reste dans l'histoire l'auteur
de ce double attentat à la pudeur nationale,
l'homme qui a gracié Soleilland — et qui a
fait Briand président du Conseil.

GUSTAVE TÉRY.

L'ŒUVRE
dit
ce que
pense
TOUT
haut
le monde
bas

BULLETIN D'ABONNEMENT

Je soussigné (Nom, prénoms) _______________

(adresse) _______________

déclare m'abonner pour un an, (1) pour six mois (1) à **L'ŒUVRE** à dater du _______________

Ci-joint le montant de l'abonnement : **dix** *francs,* (1) **cinq** *francs.* (1)

Veuillez faire percevoir le montant de l'abonnement : **dix** *francs,* (1) **cinq** *francs.* (1)

SIGNATURE :

(1) Biffer l'une ou l'autre de ces indications.

Adresser ce bulletin à l'Administrateur de **L'ŒUVRE**, 3, rue de Douai, Paris.